AF311459

SOCIÉTÉ FRANKLIN

POUR LA PROPAGATION DES

BIBLIOTHÈQUES POPULAIRES

ET DES

BIBLIOTHÈQUES DE L'ARMÉE

Compte rendu de la Séance publique tenue le 22 Mars 1874
Au théâtre du Vaudeville

DISCOURS

DE M. ÉD. LABOULAYE

De l'Académie des sciences morales et politiques,
Membre de l'Assemblée nationale, Administrateur du Collège de France:

SUR L'ÉDUCATION DU PAYS

PAR L'ARMÉE

Précédé du Rapport sur les opérations de la Société, présenté
au nom du Conseil d'administration

PAR M. H. FARÉ

Directeur général des Forêts.

PARIS

LIBRAIRIE CH. DELAGRAVE ET Cie

58, RUE DES ÉCOLES, 58

—

1874

SOCIÉTÉ FRANKLIN

L'ÉDUCATION DU PAYS PAR L'ARMÉE

LES BIBLIOTHÈQUES POPULAIRES

ET

LES BIBLIOTHÈQUES DE L'ARMÉE

SOCIÉTÉ FRANKLIN

POUR LA PROPAGATION DES

BIBLIOTHÈQUES POPULAIRES

ET DES

BIBLIOTHÈQUES DE L'ARMÉE

Compte rendu de la Séance publique tenue le 22 Mars 1874
Au théâtre du Vaudeville

DISCOURS

DE M. ÉD. LABOULAYE

De l'Académie des sciences morales et politiques,
Membre de l'Assemblée nationale, Administrateur du Collége de France.

SUR L'ÉDUCATION DU PAYS

PAR L'ARMÉE

Précédé du Rapport sur les opérations de la Société, présenté
au nom du Conseil d'administration

PAR M. H. FARÉ
Directeur général des Forêts.

PARIS

LIBRAIRIE CH. DELAGRAVE ET C\ :
58, RUE DES ÉCOLES, 58

1874

L E dimanche 22 mars, à deux heures,
au théâtre du Vaudeville, la Société
Franklin a tenu une séance solen-
nelle destinée à appeler plus fortement l'atten-
tion du public sur les bibliothèques de l'armée
et sur la souscription ouverte à leur profit par
la Société.

Un nombreux auditoire remplissait la salle.

Autour du bureau où avaient pris place aux
côtés de M. d'Eichtal, vice-président de la
Société, MM. Legouvé de l'Académie française,
Éd. Laboulaye, Édouard Charton et le comte
de Tocqueville, membres de l'Assemblée nationale, H. Faré, Charles Robert et Eugène

Yung, siégeaient sur l'estrade MM. Antonin Lefèvre-Pontalis et Paul de Salvandy, membres de l'Assemblée nationale, le général Favé, Henry Mirabaud, Émile de Bonnechose, Ducrey, conseiller à la Cour des comptes, Deltour, inspecteur d'académie, etc.

M. le premier aide de camp du général du Barrail, délégué pour le représenter, avait pris place dans la loge d'avant-scène réservée à M. le ministre de la guerre.

On remarquait dans la salle M. l'amiral baron de La Roncière Le Noury, le général Guillemaut, le général Fournès, le colonel Saget, le colonel Allavène, MM. Moreau, syndic des agents de change, Félix Vernes, Guillaume Velay, le comte Foucher de Careil.

M. Victor Duruy, membre de l'Institut, ancien ministre de l'instruction publique, et M. le général Hartung, se sont excusés par lettres, en envoyant leur offrande, de ne pouvoir assister à la séance. M. le général Renson, directeur général du personnel et du matériel au ministère de la guerre, a envoyé également son offrande à M. le président de la Société

Franklin, en ajoutant : « Je tiens à vous exprimer toutes mes sympathies pour l'œuvre si utile à la tête de laquelle vous êtes placé. »

M. d'Eichtal, président de la Société, a ouvert la séance par le discours suivant :

Mesdames, Messieurs,

Nous devons, à l'ouverture de cette séance, vous remercier de l'empressement avec lequel vous avez répondu à notre appel. Cet empressement est d'un bon augure pour l'avenir de notre Société et montre que l'œuvre commencée doit s'accomplir sous vos auspices. Mais quand il s'agit de dévouement et de patriotisme, nous devons le reconnaître, les hommes se trouvent au second rang ; aussi étions-nous bien sûrs, pour une création qui intéresse désormais tous nos fils, de trouver le concours des mères, des sœurs, des amies de cette jeunesse qui va composer notre armée.

Je remercie de leur concours les dames qui

ont bien voulu se charger de recueillir vos offrandes pour notre institution, ainsi que la veuve de notre regretté président, retenue en ce moment loin de nous.

Après ce discours, M. H. Faré, directeur général des forêts, membre du conseil d'administration de la Société, a présenté le rapport qui suit :

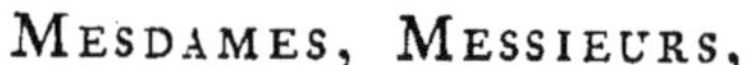

I.

Mesdames, Messieurs,

u risque d'attrister un instant cette solennité, la première parole prononcée dans cette enceinte, au nom de la Société Franklin, doit être l'expression de sa reconnaissance et de son regret pour le Président qu'elle a perdu. Il y a un an, presque à pareil jour, que l'honorable M. de Chasseloup-Laubat nous a été enlevé. La Société s'était empressée dans son bulletin d'avril de se joindre au concert d'unanimes et profonds regrets qu'inspirait à l'Assemblée nationale et

au pays la fin si imprévue de cet homme émi-
nent. Mais les quelques lignes encadrées de
noir que nous avons publiées alors n'avaient ni
épuisé notre sympathie ni payé notre dette.
Il appartenait à l'honorable M. d'Eichtal de
l'acquitter. L'état de sa santé ne le lui permet
pas et la tâche m'incombe. L'autorité de
M. d'Eichtal, la chaleur de son amitié pour-
ront manquer peut-être à votre Rapporteur,
mais non le désir d'être l'interprète fidèle de
vos sentiments.

M. de Chasseloup-Laubat n'avait dû qu'à
son mérite et à son travail les progrès rapides,
la marche heureuse d'une carrière brillamment
parcourue et bien remplie. Conseiller d'État à
trente-deux ans, après avoir en huit ans franchi
tous les degrés de la hiérarchie du Conseil,
député un an après, plusieurs fois Ministre,
il a laissé partout, au conseil d'État, dans les
Assemblées, au ministère de l'Algérie comme au
département de la Marine, la réputation d'un
homme d'affaires consommé, d'un esprit supé-
rieur, et comme marques de son passage, des progrès réalisés. Devenu notre Président en 1867,

à l'heure de la vie où l'on goûte le plus le charme du repos et des honneurs bien acquis, il cherchait des devoirs et il apportait à nos modestes travaux la plus vive sollicitude, le plus affectueux dévouement. Sous des dehors faciles et aimables on sentait une âme libre et ferme. Il aimait son pays et il le lui a prouvé. Quand nos désastres lui firent, comme à tant d'autres en France, sentir plus vivement qu'on est, en proportion de sa valeur, redevable envers son pays, il accepta la laborieuse et redoutable mission d'être le rapporteur de la loi sur le recrutement et l'organisation de l'armée. Dans quel esprit, il va vous le dire lui-même : il écrivait, le 12 mars, quelques jours avant sa fin, dans ce rapport : « Loin de se laisser abattre par les revers, une nation qui ne consent point à déchoir étudie les causes de ces revers, se met hardiment à l'œuvre et parvient à se relever après des épreuves qu'il entre peut-être dans les desseins de la Providence d'imposer aux peuples comme aux individus, pour mieux leur montrer leurs devoirs et pour rendre plus forts ceux qui

8

savent les supporter. Voilà ce que vous voulez,
voilà, nous en avons l'espoir, ce que fera la
France. »

Ces paroles resteront.

On a dit de lui :

« Il est mort à la tâche. Sa main reposait
encore sur les documents relatifs à la réorganisation de l'armée : les dernières lignes
sur lesquelles ses yeux se sont fermés à jamais
étaient des projets pour relever la patrie.
C'est une belle fin, c'est la mort du soldat à
son poste. »

J'ai emprunté ces lignes au *Moniteur universel,* n'espérant ni mieux penser ni mieux
dire.

A peu de jours de là la mort était venue
nous prendre aussi l'honorable M. Saint-Marc
Girardin. Le conseil d'administration, dont il
était membre, a tenu à rappeler que, dès
l'origine de la Société, M. Saint-Marc Girardin
lui avait apporté l'autorité de son témoignage
et de son adhésion. Nous avons retrouvé non
sans fierté sa signature au bas de quelques
comptes rendus de notre bulletin. La Société

ne pouvait sans ingratitude laisser passer la dernière occasion qui s'offrît à elle de saluer de ses regrets ce noble et vif esprit, cette âme haute et modérée, cette pure et brillante renommée littéraire.

Combien d'autres noms il faudrait citer encore, si votre Rapporteur devait énumérer tous ceux qui nous ont été enlevés dans ces derniers temps, et qui avaient fait acte d'adhésion à notre entreprise ou participé à son administration ! Le temps qui nous est mesuré ne nous permet pas de nous attarder à des éloges individuels. Nous ne voulons pas cependant ensevelir nos morts, les Paul Fabre, les Arlès-Dufour, les Augustin Cochin, les Leclaire, les Victor Robert, les Henri de l'Espée, dans la fosse commune d'une mention collective et précipitée, d'un éloge banal. La Société consacrera à chacun d'eux successivement, dans son Bulletin, des notices sommaires qui perpétueront avec nos regrets le souvenir des services qu'ils ont rendus à la cause de l'instruction populaire en France.

II.

MESDAMES, MESSIEURS,

C'est au nom de cette grande cause que nous vous avons convoqués. Vous venez de faire pour elle de sérieux sacrifices ; nous n'hésitons pas à vous en demander de plus grands. Nous ne désirons pas seulement voir combler tout à l'heure les bourses de nos quêteuses. Au nom d'un grand intérêt public, nous venons vous supplier avec instance de grossir encore les listes des souscripteurs, le montant des souscriptions, de ne pas vous arrêter dans votre œuvre avant qu'elle ne soit accomplie. « Connais-toi toi-même », a dit la sagesse ancienne. La Société a pensé que nous obtiendrions mieux de vous ces sacrifices, que nous posséderions davantage votre confiance si nous vous étions encore mieux connus que nous ne le sommes aujourd'hui. Elle m'a prescrit de vous présenter en conséquence un exposé sommaire mais fidèle de notre passé, afin que vous, nos anciens amis, vous fussiez plus disposés, par le souvenir du peu de bien que nous avons pu faire ensemble, à mieux faire encore ; afin que vous, nos jeunes et nouveaux souscripteurs, — les plus nombreux ici, — pour vous laisser entraîner par nous à de nouveaux efforts, vous eussiez du moins pour gage et pour garant ce passé de notre Société. Nous avons pensé enfin que cet exposé achèverait de dissiper quelques préventions retardataires, qu'il rassurerait quelques timidités encore ombrageuses ; que notre marche en devenant plus libre, nous apporterions une aide plus efficace au faisceau de bonnes volontés qui viennent travailler de toutes parts à la bonne cause, à la cause de l'instruction du pays par l'armée.

III.

Nos commencements ont été pénibles. Un ouvrier qui sentait la nécessité, le profit et les joies de l'instruction, et se la donnait au prix des plus rudes sacrifices, suivait les cours de l'Association philotechnique. Pour permettre aux auditeurs de ces cours d'acquérir, sans trop de frais, les livres dont ils avaient besoin, il eut la pensée d'établir entre eux une cotisation, qui les fît jouir tous de tous les livres au prix d'un seul livre. Cet ouvrier, vous l'avez reconnu : qui peut parler de bibliothèques populaires et ne pas se souvenir de notre collègue J.-B. Girard ? D'une cotisation pour acheter des livres en commun à l'idée d'une bibliothèque en commun, le pas est vite franchi ; d'une œuvre utile à quelques-uns à une œuvre utile au plus grand nombre, utile à tous, les cœurs généreux concluent vite. Il a parlé de son idée à ses professeurs de l'Association philotechnique et du Conservatoire des arts et métiers. On s'effraye tout d'abord de la dépense qui en résultera, soit pour l'État, soit pour les communes, car on ne voit pas tout d'abord d'autres budgets que ceux-là qui puissent supporter cette lourde charge. M. Girard insiste, mais ses efforts persévérants, son ardent amour de l'instruction populaire, eussent échoué, s'il n'eût rencontré l'appui d'un officier modeste autant qu'il était distingué, et qui n'a usé des hautes positions et de la faveur dont il a joui que pour faire le bien. Entre MM. J.-B. Girard et le colonel Favé s'élaborèrent les statuts de la Société. Autour d'eux se forma son premier noyau, les Boussingault, les Marguerin, les Vincent, les Alfred Blanche, les frères Thierry, Augustin et Amédée Thierry!

La Société Franklin était fondée. Mais elle n'était pas riche. Elle avait dû agréer tout d'abord l'hospitalité qui lui était offerte par une puissante maison de commerce renommée par son libéralisme. C'est là que commencèrent ces premières, ces longues, ces pénibles démarches, qui seront évitées à ceux qui viendront après nous, et qui ne peuvent être bien appréciées que par ceux qui les ont faites : remplir d'interminables formalités, dissiper des préventions toujours prêtes à renaître, solliciter des concours qu'on a toutes les peines du monde à emboîter et que le moindre incident vient disloquer; telle était alors la tâche. Bientôt cependant la Société put s'abriter sous son propre toit. Ce n'était pas encore un vaste domaine. Un homme de moyenne taille, en étendant les bras, ne touchait pas les limites est et ouest : il ne les atteignait que nord et sud. Mais on est toujours bien chez soi. C'est là d'ailleurs que nous reçûmes l'autorisation de vivre et que notre programme fut élaboré.

Ce programme le voici :

La Société s'était donné pour mission de combattre à outrance l'ignorance, le cabaret, le mauvais livre, et, ne sachant pas d'autres moyens de vaincre le mauvais livre, de le remplacer par le bon.

L'objet de la Société, avions-nous dit alors, est « de proposer l'établissement de bibliothèques municipales ou populaires dans les localités qui en manquent ; d'aider de ses conseils les bibliothèques qui s'organisent, de leur communiquer le catalogue des livres qui méritent d'être recommandés, de les encourager par des dons en livres ou en argent, d'être l'intermédiaire de leur acquisition, sans aucuns frais et sans *responsabilité* pour elles. » Ce mot responsabilité visait tout simplement l'art. 291 du Code pénal.

« Conçue sans esprit de parti, disions-nous encore, la Société fait appel à tous les dévoue-ments, à tous les hommes de bonne volonté, et de tous les points de l'horizon des idées, il lui a été répondu. »

Nous ajoutions :

« La Société a voulu que la composition de son conseil d'administration répondît à la pen-sée d'union et de haute impartialité qui avait présidé à sa formation à elle-même. Elle a voulu que ce conseil, lui aussi, fût un terrain commun à tous ceux qui aiment l'instruction, à tous ceux qui veulent voir l'instruction se propager. Elle a pensé qu'il convenait que toute personne animée du désir de créer une bibliothèque populaire pût trouver dans ce conseil un guide de son choix. Et la liste par sa variété était de nature à répondre à toutes les exigences. Le hasard alphabétique nous avait bien servis. Sur les quarante noms du conseil de 1864, l'ordre alphabétique avait rangé à la suite l'un de l'autre : MM. Boussingault, prince Albert de Broglie, Charton, Michel Chevalier, Clamageran, J. Cloquet, Augustin Cochin. »

Est-il nécessaire de vous faire toucher du doigt le lien commun qui faisait oublier à tous ces hommes leurs dissentiments religieux, leurs divisions politiques? C'est le sentiment que vous avez tous au fond du cœur, c'est l'amour de l'instruction, c'est le désir de contribuer à la grandeur du pays.

Ce programme, cette impartialité, depuis quinze ans nous n'avons cessé de les affirmer. Nos orateurs, MM. Jules Simon, — Laboulaye, notre enchanteur habituel, — F. Passy, — Leviez, — Lefèvre-Pontalis, nos rapporteurs, nos comptes rendus, ont tous tenu le même langage, fait flotter le même drapeau. Et aujourd'hui plus que jamais nous restons fidèles à nos traditions de modération et de tolérance, voyant combien ce pays a besoin d'union, sentant, hélas! qu'il n'y a pas trop de Français pour aimer la France, pour la relever et pour la faire prospérer; et, dans son programme de 1872, l'honorable M. Marguerin a éloquemment traduit nos plus chères convictions lorsqu'il vous a dit :

« La Société n'appartient à aucun parti, — à aucune école : elle a pour but unique de propager le goût de la lecture, pour unique règle les lois éternelles de la morale, et pour unique moyen d'action la puissance de l'association mise au service de l'initiative individuelle. »

Est-ce clair?

IV.

Pour appliquer ce programme, qu'avons-nous fait?

Nous avons recueilli des adhésions, des souscriptions;

Nous avons donné des conseils et procuré des livres à prix réduit à toutes les bibliothèques qui nous en ont demandé; nous les leur procurons aujourd'hui gratuitement; nous sommes des commissionnaires avec mandat, mais sans commission;

Nous avons donné autant de livres que nos ressources nous l'ont permis;

Nous avons publié un catalogue et un bulletin;

Nous venons d'ouvrir une souscription pour les bibliothèques de l'armée.

Nous comptions :

En juin 1864 . . 200 souscripteurs (fondateurs compris).
En décembre 1864. 314 —
En mars 1865. . . 410 —
1er janvier 1866. . 514 —
15 juillet 1868 . . 608 —
15 juillet 1870 . . 856 —
1er janvier 1873. . 1,025 —

Nous sommes 1,179 au 15 mars de cette année.

Ces nombres n'ont jamais satisfait notre ambition ni nos espérances, si on les compare au nombre d'esprits libéraux qu'on compte en ce pays. Nous avons cependant été longtemps plus riches de bonnes volontés que d'argent.

Nos recettes, en effet, ne s'élevaient :

En 1863, qu'à . . . . 1,368 fr.
1864, qu'à 3,085
1865, qu'à 5,944

En 1868, nous avions reçu au 31 décembre (pour l'année). 13,135
1869 18,098
1870 20,517
1871 24,627
1872 31,493

Il nous restait, au 1er janvier 1873, 20,028 fr. 70 c. net; jamais nous n'avions été plus riches. Mais qu'était cette somme en présence des besoins?

Quoi qu'il en soit, et en laissant pour un instant de côté les bibliothèques militaires, au 1er janvier 1874 nous étions en correspondance avec mille trois cent trente-huit bibliothèques populaires en France et vingt bibliothèques françaises à l'étranger, et nous leur avions successivement fourni :

En 1867, pour 6,000 fr. de livres (reliures comprises).

En . . . . 1868, pour 11,603 fr. 90
En 1869, 27,631 70
Six premiers mois 1870, 20,187 85
Six derniers mois 1871, 12,744 30
En 1872, 33,637 45
En . . . . 1873, 40,325 80.

En tout, de 1860 à 1873, une somme de 152,000 fr.; un nombre de volumes qui dépasse cent mille, exactement cent trois mille trois cents.

Nous avions fait, pendant la même période, des dons s'élevant à dix-sept mille huit cent vingt-neuf volumes, et distribué à divers titres une assez grande quantité de brochures et de volumes, notamment au nom de l'Académie française, plusieurs de ses rapports sur les prix Montyon.

A ceux qui seraient tentés de s'étonner qu'ayant réuni tant d'efforts nous n'ayons pas obtenu plus de résultats, nous répondrons que nous avons supporté les conséquences prévues et voulues par nous, dès l'origine, de la réunion d'éléments divers dans un esprit commun de libéralisme, d'union, de tolérance et d'amour de l'instruction. Nous savions que les sociétés tout d'une pièce, animées d'un seul esprit, vont plus vite et plus loin que celles qui sont obligées de régler leur pas sur des jambes et des forces inégales; nous savions que la passion marche plus rapidement à son but que la raison. Mais si, depuis quinze ans, nous n'avons pas marché vite, nous n'avons pas fait un pas en arrière, malgré tant et de si cruels événements, qui semblaient devoir entraîner la dissolution de la Société.

Car nous portons plus que personne le deuil de ces nobles et généreuses provinces où mieux et plus vite qu'ailleurs s'étaient développées nos idées et nos convictions. Là, elles étaient chez elles, et nous nous sentions tout à fait chez nous; là, se trouvaient nos plus fidèles disciples, nos plus zélés protecteurs, nos meilleurs amis... La Société Franklin ne peut cesser de chérir l'Alsace; mais son Rapporteur est obligé de s'arrêter court... pour se souvenir.

aussi de la France ! Il semble, d'ailleurs, que
par un zèle pieux, nos souscripteurs nouveaux
aient tenu à réparer, dans les limites de leurs
forces, les pertes que nous avons subies. Jamais
le mouvement d'accroissement de la Société n'a
été si rapide, jamais les adhérents n'ont été
plus nombreux que dans les derniers mois de
l'année 1873 et dans les premiers de celle-ci.

V.

Pour compléter l'esquisse que j'ai entreprise
de notre passé, il me reste à vous parler du
catalogue et du bulletin. C'est une œuvre difficile qu'un catalogue, qu'un choix de livres
destinés à des bibliothèques populaires alors que
jusqu'ici, en France, bien peu de gens avaient
écrit en se préoccupant d'avoir pour lecteurs
ceux-là mêmes qui sont l'objet de toute notre
sollicitude. Non pas que nous soyons de ceux
qui voudraient voir préparer pour les hommes
qui ont le plus besoin d'être instruits, consolés,
soutenus, encouragés, élevés à leurs propres
yeux, je ne sais quelle littérature anodine,

et fade incapable de nourrir les esprits et de fortifier les cœurs. Non, nous avons proclamé depuis longtemps le droit au chef-d'œuvre et l'égalité devant la morale. Mais si nous pensons que tous les Français sont égaux devant le chef-d'œuvre et devant la morale comme devant la loi, nous savons aussi qu'il y a entre eux des inégalités de préparation, des inégalités de loisir. Alors que tout le monde reconnaît que le temps est l'argent, et que le choix est long et difficile, nous voudrions épargner le temps et l'argent de ceux qui n'en ont guère et leur faciliter le choix. Contrairement à l'opinion de beaucoup de gens, notamment d'une grande société, notre contemporaine, qui se bornait, elle, à procurer les livres qu'on lui demandait, nous avons, dès 1864, publié un catalogue qui, plusieurs fois revu et augmenté, vient d'être entièrement refondu et publié à nouveau dans le Bulletin de septembre 1872. Il suffit de le parcourir pour voir ce qu'il a demandé de travail, de connaissances, d'habitude des livres, de largeur d'idées, de sévérité de goût, d'amour des hommes.

Rester fidèle à notre titre et à notre mission, ne présenter que des livres d'une morale irréprochable, que des éditions abordables à toutes les bourses ; ne pas verser la Société dans la poche d'un ou de plusieurs éditeurs, pondérer les diverses parties, classer les livres dans un ordre méthodique, clair, facile aux recherches : c'est l'œuvre de M. Marguerin, c'est l'œuvre d'un honnête homme! C'est son honneur.

Il a une fillette, ce catalogue, c'est la Bibliothèque de village, et comme ce que les pères aiment le mieux, ce sont leurs filles, il semble que notre honorable collègue ait redoublé là de soins, de précautions, de tendresse. Combien êtes-vous, messieurs, qui habitez la campagne, qui êtes soucieux d'y être aimés, et que l'envoi de cette bibliothèque aurait déjà fait bénir?

J'arrive, enfin, à notre Bulletin.

Il ne sera plus possible d'écrire en France l'histoire des bibliothèques populaires sans recourir à ce recueil, sans le consulter, sans le citer à toute page. La vie, un peu lente au

début, le progrès régulier depuis de nos bibliothèques populaires y est retracé avec une
absolue fidélité. Le Bulletin vous a donné sur
les goûts des lecteurs, sur le choix des livres,
les plus pratiques indications. Il nous a initiés
au mouvement de toutes les bibliothèques populaires à l'étranger comme en France : en
Suisse, en Belgique, en Hollande, en Angleterre, en Allemagne, aux États-Unis. Grâce à
nos zélés correspondants, les Leullier, les Rozy,
les Grosjean, les Davin, nous avons suivi pas à
pas le mouvement de la lecture qui, plus
rapide en France, nous eût peut-être effrayés
comme un engouement, et qui s'accroît, comme
un arbre, progressivement. Nos correspondants
nous apprennent, par exemple, que les ouvrières des manufactures de tabacs ont été mises
par leur administration au régime de l'instruction obligatoire, jeunes et vieilles; qu'elles ne
s'en sont point révoltées, qu'elles s'en trouvent
même si bien, que l'administration a étendu à
tous les ateliers une règle qui tout d'abord
n'avait été établie qu'à Toulouse. Nous voyons,
grâce à eux, le développement normal qui

greffé sur l'école, avec la salle d'asile, et sur la bibliothèque, les lectures publiques, les cours appliqués, les conférences, les orphéons, la gymnastique. Voilà qu'on s'aperçoit que le rouage principal de tout ce mécanisme, la base de tout cet édifice est l'instituteur ; et si l'on veut faire quelque chose d'utile, il faudra aller reprendre dans notre Bulletin les beaux travaux de mon vieux camarade et ami, de notre infatigable secrétaire M. Charles Robert, sur la bibliothèque cantonale, l'école modèle et l'instituteur doyen.

Et voyez comme partout on rencontre les mêmes préoccupations. Hier, de quoi parlait aux agriculteurs, dans cette réunion à Évreux, le Ministre de l'intérieur? de la nécessité de l'instruction pratique. Aujourd'hui même, en ce moment, à deux pas de nous, le Ministre de l'instruction publique préside la distribution des prix de l'Association polytechnique. A ce mouvement qui éclate de toutes parts ne semble-t-il pas que nous ayons un peu aidé? J'en avais l'illusion en relisant hier soir au Bulletin cet extrait, qui nous est arrivé par notre correspondant, M. C. Baignol, d'un rapport présenté par lui à la Société de la bibliothèque de Boulogne-sur-Mer.

« Avant d'être abonné à la bibliothèque populaire, lui disait un ouvrier, je quittais tous les soirs la maison pour aller faire une partie de billard et perdre de l'argent; aujourd'hui je reste avec ma femme et mes enfants, pour lire les ouvrages amusants que vous me prêtez... »

Voilà un homme et une famille sauvés! Et comme l'âme humaine pour nous n'a pas de prix, ce succès, fût-il unique, suffirait à notre ambition.

En voici un autre. Un jour, M. Marguerin (ce sont toujours les mêmes hommes qu'il faut citer) émet dans le Bulletin le vœu de voir se multiplier les biographies nationales, ces moyens puissants de faire aimer la patrie par les grands exemples de ses plus illustres enfants. Il achève à peine de parler que plusieurs écrivains se sont mis à l'œuvre, M. de Bonnechose entre autres. Nous avons eu à peine le temps de nous dire : comme M. Marguerin avait raison! que M. Legouvé annonce *la Vie de Sully* !

Lisez, Messieurs, dans le numéro du 1er mars le compte rendu des travaux de l'association anglaise qui porte le nom de « *Pure Literature Society.* » Elle dresse des catalogues, livre à moitié prix des bibliothèques puisées dans ces catalogues, soutient une agence à Londres pour choisir, rassembler et fournir aux écoles et aux bibliothèques les bonnes publications qui lui sont demandées, entretient enfin avec les auteurs ou éditeurs de publications populaires des relations amicales.

Elle recommande et patronne quarante-deux recueils périodiques mensuels, dont beaucoup sont illustrés. — Vingt-huit, dont seize spécialement religieux, sont destinés aux adultes. — Quatorze, dont huit religieux, s'adressent aux enfants.

Elle suscite partout la création d'agences locales pour la vente de tous les recueils périodiques. — Elle installe des boutiques en plein vent, dans les foires et marchés. — Elle traite avec tous les petits marchands de publications et de journaux pour qu'ils placent à leurs vitres ses écriteaux. — Le secrétaire de la Société a visité dans ce but plus de 6,000 boutiques ; à l'aide d'agences auxiliaires, par tous les moyens possibles, en quelque endroit que ce soit, surtout dans les quartiers les plus misérables, cette Société va chercher, — avec la ténacité anglaise, — poursuivre, dépister le mauvais livre, l'image obscène, la chronique du crime, jusqu'à la chanson grivoise, et partout elle leur substitue livre à livre, le bon au mauvais, image à image, la bonne à la mauvaise. Car elle fait publier jusqu'à des images pour les murs des chaumières. Et vous ne trouverez pas que ce soit la moins bonne de ses œuvres !

VI.

Nous en étions là quand la souscription pour les bibliothèques militaires est venue apporter dans les allures de la Société un changement complet, dans nos procédés une révolution radicale.

Le lendemain de nos revers chacun avait dit avec M. de Chasseloup-Laubat : Il ne faut pas que la France périsse : payons ses dettes, pansons ses plaies, cherchons les causes de nos revers, régénérons le pays par le travail, par l'instruction. Allons au plus pressé, au plus expédient ; la réorganisation de l'armée sera la base de la réorganisation du pays. — Il faut le service obligatoire pour tous. Il est impossible d'être plus dévouée et plus brave que n'a été notre vaillante, vaillante, vaillante armée : il faut aussi que nos officiers soient les plus instruits qu'il y ait au monde : il faut que les sous-officiers, que les soldats le soient aussi. Mais rien que pour assurer cette instruction de l'armée, il y a beaucoup à faire, il y a de la besogne pour tout le monde. Il ne faut plus tant attendre de l'ordre de l'État, de l'action de l'État, de la bonne volonté de l'État, de l'argent de l'État.

Et alors, tandis que le gouvernement publie des livres, crée des bibliothèques pour les officiers, les installe, les dirige, les suit d'un œil attentif, les officiers s'ingénient de leur côté, se réunissent, se cotisent, travaillent, et la réunion des officiers, cette excellente institution, si mal logée, trouve en vingt-six mois d'existence le moyen de publier vingt-quatre entretiens, six ouvrages d'encyclopédie militaire, huit règlements étrangers, cinquante et un ouvrages divers, en tient sept autres en préparation, publie un annuaire, un bulletin duquel elle extrait quatre-vingt-dix-huit ouvrages tirés à part.

Les colonels, chefs de famille, ne sont ni moins actifs, ni moins vigilants : ils songent à instruire aussi leurs sous-officiers et leurs soldats ; ne pouvant rien demander au Ministre, surchargé d'exigences auxquelles il ne peut faire face, ils s'inquiètent, ils questionnent, ils cherchent de l'aide au dehors, consultant les particuliers, les associations.

VII.

Jusque-là, comme une respectable dame qu'elle est, la vieille Société Franklin continuait sa marche tranquille. Un jour, on vient lui dire : Il faut ouvrir une souscription pour les bibliothèques de l'armée. — Elle tressaille à ce bruit.

Elle met la tête à la fenêtre, — elle entend tout ce travail, tous ces efforts la frappent, — elle s'émeut, elle s'enivre de ce souffle. Elle qui avait si peu fait parler d'elle jusque-là, et vous le lui aviez plus d'une fois bien justement reproché, la voilà qui jette ses béquilles, qui fait appel au public, qui apercevant auprès d'elle un homme d'affaires consommé doublé d'un chaud patriote, se pend à son bras, trouve pour l'émouvoir des accents qui lui vont à l'âme, et alors, un bras appuyé sur le Ministre de la guerre, un autre sur ce financier, elle s'élance en avant. En moins de dix mois elle fait pour les bibliothèques militaires, ses filles cadettes, ce qu'elle avait mis près de dix ans à faire pour les bibliothèques populaires, ses filles aînées; sans renoncer à celles-ci pour celles-là, mais parce que les premières sont les plus pressées à établir, elle leur apporte, de ses mains joyeuses et tremblantes, une dot qu'elle est allée prendre dans les poches de la finance, du commerce, de l'industrie, de tout le monde; que partout on lui a laissé prendre avec la meilleure grâce possible et qui, dès aujourd'hui, dépasse 100,000 francs.

Ce n'est pas mal, n'est-il pas vrai, pour une vieille dame[1]?

Comment ce fait a-t-il pu se produire et qu'en doit-il advenir? C'est ce que la Société Franklin a intérêt à savoir, c'est ce que son Rapporteur a le droit de rechercher.

Il y a quelques années, vous vous le rappelez, un savant découvrit, quoique Français, qu'il y avait sous le soleil quelque chose de nouveau, et dans le ciel quelque chose d'insolite. En étudiant attentivement le ciel, il y voyait des perturbations qu'on ne savait à quoi attribuer, les

---

1. M. Ch. Sauvestre a fait la proposition d'ouvrir une souscription pour les bibliothèques militaires à l'assemblée générale de décembre 1872.

La souscription a été ouverte le 1er février 1873.

Elle avait produit le 15 février. . . .	20,639fr.	55
— le 1er mars.	39,370	05
— le 1er avril.	63,252	75
— le 1er mai	80,719	90
— le 1er août.	90,097	»
Elle a atteint au 20 mars la somme de	102,185	»

lois naturelles ne supportant ni le désordre ni l'exception. Partant de ce point de vue, il chercha, par des méthodes scientifiques rigoureuses, par des calculs précis et prolongés, la cause de ces perturbations; il la trouva. Or, c'était une planète; et son nom en fut illustré.

De semblables récompenses attendent, dans l'ordre moral, dans le domaine de la volonté et de l'activité humaine, les savants des sciences morales qui y apporteront une étude aussi persévérante, aussi méthodique, aussi consciencieuse. Ainsi il a été déjà reconnu que, parmi les sociétés humaines, celles-là fonctionnent avec le moins de perturbation dans lesquelles une juste pondération s'est établie entre l'action individuelle et l'action gouvernementale; entre l'action individuelle qui se meut par un mouvement propre, mais n'a d'attraction qu'autour d'elle-même dans un milieu restreint, et l'action gouvernementale, qui doit imprimer un mouvement général à tout le système, sans supprimer nulle part à son profit le mouvement individuel. On avait vu fonctionner chez quelques peuples voisins, dont il va peut-être vous être parlé tout à l'heure, quelques machines de ce genre, solides, pas trop coûteuses, produisant de bons effets, d'un mouvement doux. Nous nous demandions souvent, à la Société Franklin, comment en France, notamment en matière d'instruction, l'action individuelle paraissait si faible, l'action gouvernementale semblant à la fois trop forte et trop diffuse pour être efficace; comment il se faisait que, la plupart du temps, ces deux forces ne fussent pas animées d'un mouvement égal et régulier, et parussent condamnées à se paralyser. Nous avions vu pourtant, sous la main ferme et habile d'un Ministre, notre ami de vieille date et demain sans doute notre collègue au conseil d'administration, l'action gouvernementale, ayant un but précis et nettement défini, réaliser tout récemment un grand progrès par le développement des bibliothèques scolaires, les élever à un nombre considérable, leur attribuer près d'un million de livres.

Nous avions, d'un autre côté, tous les jours sous les yeux l'exemple d'une initiative individuelle bien puissante, bien efficace. Il y a un livre qui, depuis quarante ans, a pénétré partout, chez le pauvre et chez le riche, dans les villes et dans les campagnes, l'un des seuls que le père de famille laisse errer autour de sa table en toute liberté, que les enfants se disputent pour les images, où s'instruit le fils et où il s'éduque, — laissez-moi relever le mot, j'en ai besoin, — que ne dédaignent à leur tour ni le père ni la mère, car j'en sais plus d'un qu'il a fortifié dans les épreuves. Ce livre, qui respire une si pure, si fraîche et si sévère morale que l'âme en est comme assainie, ce livre qui croit en Dieu et qui aime les hommes, surtout ceux qui ont le plus besoin d'être secourus, aidés et élevés dans toute la grande acception du mot; ce livre qui vous a charmés et qui charmera vos enfants et vos petits-enfants, ce *Magasin pittoresque,* c'est l'œuvre de l'initiative individuelle, c'est l'œuvre de Charton.

Et cependant dans un pays où l'action individuelle a pu réaliser cette création, où l'action gouvernementale avait pu faire un jour tant de bibliothèques scolaires, nous nous affligions de voir l'instruction ne pas marcher au gré de nos vœux.

C'est qu'il y a, ou plutôt qu'il y avait eu long-temps, en France, entre l'action individuelle et l'action gouvernementale un grand vide, c'est qu'elles n'étaient reliées par rien. Introduisez entre elles un mécanisme assez puissant, un engrenage qui se prenne aux dents de l'une et de l'autre, qui régularise ainsi leurs mouve-ments, pourvoyez-le d'un manomètre pour qu'il soit sensible à la pression de l'opinion publique, adaptez à ce rouage intermédiaire de l'association le principe de la souscription vo-lontaire, pompe aspirante d'une bonne force, et votre machine marchera; vous verrez toutes les activités s'unir, tous les mécanismes tourner dans le même sens, sous l'impression d'un moteur commun; vous verrez l'intérêt du pays guider à la fois le Ministère de la guerre, l'ar-mée tout entière, les sociétés de livres, les par-ticuliers, et toutes les bibliothèques se faire, bibliothèques d'officiers, bibliothèques de sous-officiers et de soldats, bibliothèques de casernes et d'hôpitaux, et de ports, et de prisons!

Sous la direction du Ministre de la guerre, des hommes que nous serions ingrats d'oublier, que nous sommes heureux de désigner à votre reconnaissance, M. le colonel Saget, M. le commandant Fix, donneront l'impulsion, exerceront la surveillance; nous autres, nous fournirons des livres; vous, Messieurs, vous apporterez le charbon à la machine, de l'argent, beaucoup d'argent.

Pères de famille qui m'entendez, que faut-il pour vous décider à le donner, cet argent?

Des résultats?

Écoutez le colonel Péan, du 106e de ligne.

« Je suis très-reconnaissant de ce que vous avez bien voulu faire dans l'intérêt de mon régiment. Vous serez sans doute heureux de savoir que les résultats obtenus depuis que nous avons une bibliothèque sont très-satisfaisants. La baraque qui sert de bibliothèque peut contenir 150 hommes, elle est presque constamment pleine; j'ai dû autoriser la sortie des livres, ce que j'avais cru devoir défendre dans le principe. »

Le choix de vos livres est excellent.

Signé : Le chef de bataillon du 103me,
Président de la bibliothèque.

Bon échantillon de style militaire, selon la Société Franklin.

Grâce à vous qui nous envoyez des livres si sains, si moraux, si utiles.

Signé : Comte DE CHALENDAR,

Capitaine adjudant-major (9me hussards).

Vous faut-il de hautes adhésions ?

Vous avez lu au Bulletin la lettre que nous avait écrite le général de Cissey, ministre de la guerre. La voici :

Monsieur le Président,

Je suis informé du généreux concours prêté par la Société Franklin à la formation des bibliothèques militaires, spécialement destinées aux sous-officiers et soldats.

Je vous prie, monsieur le Président, de vouloir bien être auprès d'elle l'interprète de mes sentiments particuliers de gratitude et de ceux de l'armée tout entière.

Signé : Général DE CISSEY.

Vous faut-il quelque chose de plus nouveau ?

Voici ce que nous écrivait hier soir le gouverneur de Paris :

Je connais mieux que personne toutes les créations de bibliothèques opérées par la Société, dans les casernes et corps de garde de Paris, aussi j'apprécie hautement le but et les efforts de la Société, et je ne néglige aucune occasion de contribuer, en ce qui me concerne, aux bons résultats qu'elle se promet, par l'extension de l'instruction parmi les soldats.

Signé : DE LADMIRAULT.

La lettre était *chargée*. Hier aussi le Ministre de la guerre nous témoignait le regret de ne pouvoir assister à notre séance, et il s'y fait représenter aujourd'hui par son premier aide de camp.

N'oubliez pas, pères de famille, ce que vous devez à l'armée, le service qu'elle vient de vous rendre.

Elle a reçu vos fils cette armée, et elle les recevra tous successivement; vous lui aviez donné des jeunes gens, en un an elle vous a rendu des hommes.

Elle leur a appris :

L'obéissance,

La discipline,

Le respect du grade, de l'âge, du mérite, des services rendus, des blessures, des cheveux blancs,

Le mépris du luxe, des jouissances faciles, des petits ennuis, des grandes fatigues, du danger.

Elle leur a montré l'égalité dans le rang, la supériorité par le mérite.

Elle leur a fait voir que le chef est celui qui travaille le plus, qui sait le plus, qui veille après que les autres sont couchés, qui dîne si les autres ont à manger, le dernier au gîte et le premier au feu.

Ils ont appris là qu'on doit faire son devoir à chaque jour, à chaque heure, à chaque instant, fût-ce jusqu'à la mort, et que l'accomplissement régulier de ce devoir est ce qui élève et dignifie l'homme.

Pour ce qu'ils ont appris, pour ce service qu'on vous a rendu, allez-vous compter? Soit !

Vous avez aidé à fonder :

244 bibliothèques de casernes,

113 — de régiments, pour lesquelles vous avez donné de
20 à 200 francs à chacune,

5 bibliothèques de ports militaires,

46 — de pénitenciers,
d'ateliers, de travaux publics ou de prisons
militaires de l'intérieur ou de l'Algérie.

En tout 408 bibliothèques.

Mais elles ne sont que commencées, ces
bibliothèques ; je les ai vues, j'ai visité en détail
celle de la rue Bellechasse : ce sont des rudiments
— et non pas une œuvre — et de plus il en faut
partout. Vous n'êtes pas au bout de votre tâche.
En moins d'un an nous avons fait 365 bibliothèques, une par jour ; il faut les faire toutes.
Vous, la Société Franklin, vous la Société de
Madre, vous la Ligue de l'enseignement, vous
la Société Girondine, vous la Société d'Auch, —
vous tous ! vous y êtes tenus, pères de famille,
vos enfants l'ont déjà compris.

Les volontaires du 49ᵐᵉ ont laissé une somme

de 500 francs pour la création d'une bibliothèque destinée aux sous-officiers et soldats. Honneur aux volontaires du 49me! à ceux des 33me, 57me, 62me, 125me de ligne, du 9me régiment d'artillerie, etc., etc., qui ont suivi le même exemple!

Je voudrais pouvoir citer tous les noms, tous les numéros des régiments.

Faut-il vous dire ce qu'a donné M. Holden, de Reims?

Il avait fait un premier et considérable don aux bibliothèques militaires. Il vient d'y ajouter 4,000 francs, moitié pour la caserne, moitié pour le 132me; je l'ai appris hier et je ne suis pas fâché de vous donner cet exemple d'initiative individuelle; il est bon à suivre. — Notez que M. Holden est Anglais.

Au nom du conseil d'administration, voici enfin nos dernières paroles :

Nous n'avons pas la prétention d'avoir inventé les bibliothèques militaires, ni de les faire à nous tout seuls. Nous ne solliciterons pas de brevet d'invention. Nous ne redoutons pas la concurrence, nous l'appelons de tous nos vœux !

Nous faisons de notre mieux, souhaitant de tout notre cœur qu'à côté de nous on fasse autant que nous, plus que nous, mieux que nous, tout prêt à applaudir aux efforts des autres pour la commune patrie !

Nous faisons de notre mieux selon nos convictions et nos forces, acceptant la direction qui nous est donnée, aidant l'armée, dans le sens et dans la mesure où elle désire être aidée, sans arrière-pensée, sans but personnel, sans autre souci que le salut et la prospérité de la France.

Nous ressentons profondément le devoir qui incombe à notre génération, nous qui avons subi cette effroyable douleur de voir la France diminuée dans nos mains, qui de nos propres ongles avons dû nous arracher le cœur pour le jeter sanglant aux pieds de l'ennemi, qui eussions donné tout au monde pour racheter, jusqu'au dernier lambeau, le sol sacré de la patrie.

Nous ressentons profondément le devoir qui

nous incombe de réparer tant de pertes, de guérir tant de maux; nous entreprenons une tâche que nous savons longue et pénible, mais la seule qui puisse nous faire pardonner par nos descendants: nous voulons relever la France par la longue et sérieuse épreuve de l'éducation, de l'instruction, en faisant passer jusque dans son sang, jusque dans ses moelles le sentiment du devoir et son accomplissement. Nous pensons que ces longues vertus dont nous avons besoin pénétreront par l'armée, par l'instruction donnée à l'armée, par l'éducation donnée à l'armée, à la vie tout entière du pays, dans ses habitudes, dans ses mœurs, dans son âme!

Et voilà pourquoi nous vous demandons d'aider l'armée dans cette œuvre des bibliothèques.

Et si un jour nous avons ensemble, ô mes amis, contribué pour si peu que ce puisse être à obtenir quelques-uns de ces résultats, regretterez-vous d'avoir jeté dans les mains qui vont s'ouvrir tout à l'heure, tout ce que vous apportiez avec vous, tout ce que vous nous destiniez et même ce que vous ne nous destiniez pas, le superflu d'aujourd'hui et de demain, qui sait, peut-être le nécessaire?

Et si devant la pensée de ce sacrifice quelque doute vous reste, écoutez M. Laboulaye!

M. Laboulaye, membre de l'Institut, membre de l'Assemblée nationale, administrateur du Collége de France, a pris alors la parole en ces termes :

APRÈS les paroles éloquentes que vous avez entendues, il m'est bien diffi—cile de parler à mon tour; ce sont les mêmes sentiments que je m'étais proposé d'exposer devant vous, et j'aurais fait sans doute un excellent discours si M. Faré ne l'avait fait avant moi. N'importe! Dans des questions semblables, quand il s'agit d'exprimer des sentiments communs, on peut revenir sur le même sujet ; vous y trouverez, j'espère, le plaisir que vous avez éprouvé en entendant le même motif répété deux fois par la musique de la garde républicaine[1]. L'orateur n'est que l'écho de notre propre cœur ; si je rends ce que vous sentez vous-mêmes au fond de l'âme, vous me trouverez éloquent. C'est ce que disait Anne d'Autriche en regardant une dame de la Cour : « Cette femme est belle, elle me ressemble. »

Dans toute la France il y a aujourd'hui un même sentiment, une même émotion, le hasard veut que ce soit moi qui l'exprime. C'est un honneur dont je sens le prix ; je tâcherai de le mériter en faisant de mon mieux.

En écoutant tout à l'heure M. Faré, ma pensée se reportait involontairement à quatre ans en arrière, au début de cette terrible guerre qui pèse encore si lourdement sur nous. A cette époque, de bons citoyens, des hommes qui prévoyaient les dangers de l'avenir, avaient

1. Cette musique avait exécuté l'ouverture de *Semiramide* après le rapport de M. Faré.

formé une société de secours aux blessés. Cette société semblait inutile dans les jours paisibles; on y voyait un excès de philanthropie qui faisait sourire. Mais au lendemain de nos premiers revers, quand on eut commencé à comprendre ce que serait le choc de deux nations se jetant l'une sur l'autre, la Société de secours aux blessés fit un appel à la générosité du pays. Alors, dans ce Palais de l'Industrie où nous avions établi notre tente, affluèrent les draps, les serviettes, les matelas, le vin; les dames riches donnaient de l'argent, beaucoup d'argent; celles qui étaient moins favorisées de la fortune, leurs bracelets; la pauvre ouvrière apportait en pleurant son anneau de mariage; on sentait ce que peut-être on n'avait éprouvé à aucune époque, car à aucune époque on n'avait vu de plus près le danger qui menaçait la France. Ce n'était plus de l'humanité qu'il était question, du désir de soulager les souffrances, les misères, non : nous sentions que la patrie était menacée, nous éprouvions ce qu'éprouve une mère qui voit son enfant sur le point de périr. Quelle douleur dans notre âme! les enfants qui tombaient étaient nos enfants, ces amis qui disparaissaient étaient nos compagnons de jeunesse! Comme alors le patriotisme nous disait que l'armée et la nation ne font qu'un! (*Applaudissements.*) Ces sentiments, messieurs, sont ceux qui reparaissent aujourd'hui dans cette question des bibliothèques. Nous n'avons pas seulement le désir de répandre l'instruction. Sans doute il n'y a rien de plus beau que d'éclairer une âme, d'y porter la lumière et d'en chasser les ténèbres et le mal. (*Applaudissements prolongés.*) Mais il y a autre chose dans la question des bibliothèques populaires; il y a ce sentiment que l'armée c'est nous-mêmes; ces jeunes soldats sont nos enfants.

- L'éducation de l'armée, c'est là un de ces problèmes qu'une nation doit résoudre si elle veut se relever, si elle veut reprendre son rang. Il faut que l'armée s'instruise pour instruire à son tour la nation.

- Nous avons vu d'où est parti le mouvement: c'est du cœur même de la nation; tout le monde s'y est associé; c'est la Ligue de l'enseignement, c'est l'association présidée par M. de Madre, dont le nom se retrouve en tête de toutes les entreprises généreuses; c'est la Société Franklin; le zèle a été universel.

Je rends justice à nos souscripteurs, ils se sont bravement conduits. Vous nous avez donné cent mille francs, et, comme nous vous sommes infiniment reconnaissants de ces cent mille francs, nous vous en demandons cent mille autres. Il n'y a que le premier pas qui coûte. Croyez que les nations qui donnent beaucoup sont celles qui ont été élevées à faire une part à leurs frères. Dans les pays où le gouvernement est tout, cette générosité disparaît; mais quand le gouvernement veut bien laisser sortir ce sentiment du cœur humain, il y a là une source féconde qui ne s'arrête jamais. Aujourd'hui notre plante est petite, aidez-nous à l'arroser, nous en ferons un grand arbre. (*Applaudissements.*)

Ce qui distingue ce mouvement des bibliothèques, comme ce qui a distingué la Société de secours aux blessés, c'est qu'en s'occupant de l'armée, on l'a fait avec une prudence extrême, car il faut s'approcher de l'armée, comme des femmes, avec discrétion et respect. Nos pères voyaient bien les défauts de l'armée, — de l'armée de ce temps-là, — mais ils avaient le tort de vouloir se mêler du commandement. Aujourd'hui, l'habitude des gouvernements libres nous a rendus plus raisonnables ; nous restons au seuil de la caserne ; nous demandons qu'on veuille bien faire appel à notre générosité, mais pour le reste, c'est au colonel qu'il appartient de commander, au ministre de la guerre de dicter des ordres. Nous ne voulons pas paraître dans le régiment, nous ne voulons faire aucune propagande, ni politique, ni religieuse. La propagande politique serait un crime. L'armée est en France aux ordres du gouvernement ; c'est la force au service de la justice, c'est à la justice à commander, l'armée n'a qu'à obéir. Quant à la propagande religieuse, nous avons trop le respect de l'âme humaine pour nous aventurer sur un terrain qui ne nous appartient pas. Cela choque, dit-on, des gens si pieux qu'ils passent leur temps à damner leur prochain, mais, ne leur en déplaise, nous continuerons à marcher du même pas. Comme le Samaritain, nous demandons à panser les blessures de nos frères, quitte à être injuriés par-dessus le marché.

Que faut-il faire et que peut-on attendre de ces bibliothèques? Il ne faut pas trop se faire d'illusions. Le danger, en France, c'est la fureur du premier mouvement. Un beau jour on pousse un cri : « La France ne sait pas la géographie! » Aussitôt, tout le monde achète des cartes et se dit ou se croit géographe; mais trois mois après on pense à autre chose. On dit : « Nous voulons instruire l'armée! Nous avons donné notre argent pour cela, l'armée est instruite! » Non, cela ne se passe pas ainsi. Vos femmes qui vont voir les pauvres vous diront la différence qu'il y a entre secourir des misères réelles et se contenter d'entendre un sermon. Entre ces deux sortes de charité, il y a un abîme. De même, dans l'armée il y a beaucoup à faire; il ne faut pas s'imaginer qu'en sortant d'ici nous aurons remédié à un mal qui date de loin. Il est bon de donner des bibliothèques, un dictionnaire de Bouillet, des cartes murales ; tout cela est excellent, mais combien y a-t-il de soldats qui ne savent pas lire ! Leur faire un tel cadeau, c'est, permettez-moi la comparaison, donner des besicles à un aveugle. Il y a donc un premier point pour lequel nous devons faire un appel aux colonels, je veux parler des écoles régimentaires. C'est là qu'il faut agir, ce sont ces écoles qu'il faut multiplier afin que le soldat, en arrivant au régiment, reçoive les premières notions de lecture et d'écriture sans lesquelles l'homme n'est qu'un citoyen imparfait.

A côté de ceux qui ne savent pas lire, il y a ceux qu'on porte comme sachant lire et écrire. Vous savez ce que c'est que la statistique ; je crois qu'on pourrait dire : menteur comme la statistique. Enfin, admettons-le, ils savent lire, mais ils ne comprennent pas ce qu'ils lisent. Ils épèlent : Pa—ris, puis, tout étonnés, ils disent : Paris ! Leurs yeux leur donnent les lettres, leur oreille leur donne le mot. Ce n'est pas ceux-là dont vous pourriez faire l'instruction en peu de temps ; cependant, dès qu'il y a ce premier élément de lumière, on peut tout en attendre. Mais c'est aux officiers qu'il faut avoir recours, c'est à leur dévouement qu'il faut faire appel; donner des livres n'est rien sans un guide pour faire comprendre aux ignorants ce que le livre enseigne. J'en vais citer un exemple. En entrant dans ma maison de campagne de Versailles, après le départ de mes locataires de 1871, les Prussiens, j'ai trouvé en guise de quittance de loyer un petit livre en allemand, probablement échappé du havre-sac d'un soldat. C'était un traité d'hygiène que l'on distribue en Allemagne à chaque soldat. Ce livre est un petit chef-d'œuvre. Il contient des recommandations sur l'eau potable, le moyen de rendre une eau inoffensive en la coupant avec quelques gouttes de café, la manière de cuire les aliments, l'hygiène corporelle et les premiers pansements à faire en cas de blessures. Certes, il serait très-bon que ce petit traité fût remis à chaque soldat; mais quand vous l'aurez donné à chacun d'eux, une certaine quantité de ces hommes le lira, je l'admets, mais ils n'y comprendront rien. Si, au contraire, le chirurgien-major leur faisait un petit cours d'hygiène entremêlé de quelques expériences telles que de mettre quelques gouttes de café dans de l'eau pour la rendre potable, ils comprendraient et n'oublieraient pas. Le paysan a l'esprit lent, mais quand il tient une chose, il ne la lâche plus. Quand ce paysan retournera chez lui, vous aurez un apôtre de l'hygiène. Vous pouvez ainsi, non-seulement instruire un homme, mais un pays tout entier. Vous avez tous les ans quatre-vingt mille soldats qui rentrent chez eux, faites-en quatre-vingt mille apôtres de l'instruction.

Je parlais de l'hygiène, mais, dans la cavalerie, où le soin des chevaux prend tant de place, ne pourrait-on pas donner au soldat quelques notions de l'art vétérinaire? Le paysan aime son bétail, il y a même de mauvaises langues qui prétendent qu'il le soigne mieux que sa famille. Qu'on lui donne une instruction solide, le livre d'un côté, l'explicateur de l'autre, vous pouvez arriver à répandre les notions les plus justes dans un pays d'agriculteurs. Et la géographie! Le soldat sera charmé de lire un livre de géographie, surtout s'il en trouve un qui lui parle de son pays. En ce moment on emploie l'armée à faire des reconnaissances. Il y a là tous les éléments d'une première éducation géographique. Il ne faut pas une bien grande colline pour montrer ce que c'est qu'une vallée, ce que c'est que le point de partage des eaux. Le lendemain, la lecture devient intéressante pour le soldat, il comprend ce qu'il lit. C'est là qu'il faut en arriver. Pour nous, malgré tout ce que nous pouvons faire, nous ne pouvons pas pénétrer dans l'âme du soldat; c'est à l'officier qu'incombe ce soin.

Quant à la lecture, ce qui convient le mieux au soldat, c'est l'histoire; c'est par elle qu'il est le plus facile de lui donner des sentiments moraux et d'éveiller son patriotisme. Mais l'histoire, pour des hommes qui ne sont pas très-habitués à notre littérature, plaît surtout sous la forme de biographies. Une biographie bien faite sera toujours pour le soldat la lecture la plus attrayante. Il lui faudrait des biographies de Hoche, de Catinat, de Jeanne d'Arc, de Henri IV, des extraits, des livres faits exprès

58

pour lui. Nous ne sentons pas cela, nous
autres, par une raison toute simple : c'est que
pendant dix ans de collége on nous a donné
des notions qui nous permettent de lire toute
espèce d'ouvrages. Prenez le premier livre
venu et soulignez ce qui suppose la connais-
sance de l'histoire, de la mythologie, des idées
grecques, des idées romaines, et supposez un
instant que ces idées disparaissent de votre cer-
veau : le livre devient une énigme indéchif-
frable. En Angleterre, on a écrit des livres pour
le peuple, pour ce qu'on appelle le *million.*
Il faudrait en France des livres semblables
pour le soldat. Certainement dans les livres
d'histoire que vous donnez et dans quelques
romans il y a de l'agrément, mais ces livres ne
sont pas faits spécialement pour le soldat, et il
faut en faire. Qui peut faire ces livres? Deux
sortes de personnes : ceux qui ont l'amour du
peuple, comme Charton, qui a passé sa vie à
composer des livres populaires, et les officiers
sortis des rangs de l'armée, qui ont vécu avec
leurs compagnons d'armes, qui connaissent
leurs idées, leurs faiblesses. Il y a là quelque

chose à faire au point de vue patriotique et en même temps de grands résultats à obtenir.

Vous voyez ce que serait cette propagande faite par quatre-vingt mille hommes renvoyés chaque année dans leurs foyers. Ce soldat qui rentre chez lui après avoir payé sa dette à la patrie, quelquefois avec les galons de sergent, il a de l'autorité; on l'écoute. Voilà le maître qui fera pénétrer des notions nouvelles jusque dans l'âme des populations rurales. D'un autre côté, si vous n'employez pas de pareils moyens, comment voulez-vous que le patriotisme pénètre dans les couches inférieures de la population? Il est très-beau de parler de patriotisme, de parler de la France, mais il faut une âme qui comprenne cela, un esprit qui sache ce que c'est que la France. L'armée contribue à donner ce sentiment. Mais ce sentiment est composé d'éléments divers, et jusqu'ici vous n'avez donné au soldat que des éléments imparfaits. Si, au contraire, vous lui apprenez ce qu'a fait l'héroïsme de nos pères dans les temps heureux ou malheureux de notre histoire, vous lui apprendrez à aimer plus profondément la

patrie. C'est là ce que l'armée peut faire pour
nous, c'est de cette façon qu'elle peut récom-
penser les efforts que nous faisons pour elle.
Vous voyez combien ce que nous pouvons faire
est peu de chose sans le concours des officiers.
Nous y apportons notre bonne volonté, qu'ils
y apportent leur zèle ; en les mettant en commun, nous arriverons à enlever la position.
(*Applaudissements.*)

...Maintenant il est un autre point que M. Faré
a touché, et sur lequel je demande à revenir.
L'armée comprend aujourd'hui toute la nation.
Une loi, cette loi rendue sous la direction de
l'habile rapporteur que nous regrettons tous les
jours, cette loi qui perpétuera la mémoire de
M. de Chasseloup-Laubat, établit le service obligatoire ; l'armée n'est plus seulement composée
de ceux qui n'étaient pas assez riches pour
acheter un remplaçant, elle comprend tout le
monde. Qu'arrivera-t-il aux volontaires d'un
an ? A mon sens il n'y a pas d'éducation
meilleure pour un jeune homme qui a le mal-
heur d'être riche. Un an passé au régiment,
j'en demande pardon aux mères et aux larmes

qu'elles ont versées, un an de régiment l'aura corrigé de tous les défauts d'une éducation trop molle. Nous avons tellement compliqué la vie, nous y avons apporté tant d'étranges habitudes, qu'en vérité un jeune homme riche ressemble à ces oiseaux précieux qu'on garde dans des cages dorées et qui meurent au moindre vent. Dans ma jeunesse, la Révolution avait si bien ruiné nos pères, l'Empire avait si peu ajouté à leur fortune, que le luxe n'existait pas. Un tapis dans un salon était une chose rare ; quant à ces bibelots de toute espèce qui font partie de nos ameublements, il n'en était pas question. Les plats et les assiettes se mettaient dans les buffets ; on n'en décorait pas les murs comme on fait aujourd'hui, et l'on ne payait pas 500 francs un plat fêlé, dont le seul mérite est d'être chinois. Qu'on mette de beaux tableaux dans ses appartements, qu'on les paye fort cher, c'est bien : l'art élève les âmes ; mais nous avons inventé tant de futilités, de caprices, de vanités, que la vie disparaît dans tous ces riens séduisants.

Au régiment, le jeune homme apprend par

la pratique à estimer la simplicité et la sobriété.
Point de ces lits de plume où l'on enfonce,
point de ces lits entourés de rideaux où l'on
étouffe. On couche sur quatre planches, et il
n'est pas un homme qui ne se rappelle que
c'est là qu'il a le mieux dormi de sa vie. Il en
est de même pour le dîner. Je ne sais pas si
c'est un défaut de la simplicité de mon éducation première, mais chaque fois que je reçois
une invitation à dîner, il me semble que j'y
vois écrits par une main invisible ces mots :
« On vous demande la permission de vous
empoisonner tel jour à telle heure. » Quand
on a mangé à peine le nécessaire, quand on a
arrosé le bœuf de la gamelle avec de l'eau
claire, je vous réponds que les idées sont par-
faitement distinctes et que jamais jeune homme
ne s'est mieux porté.

Je lisais, il y a quelques jours, dans le dernier numéro de la *Revue des Deux Mondes*, un
article sur la nostalgie. L'auteur y raconte
comment, pendant le siége de Paris, un jeune
marquis breton, qui s'est battu bravement, ne
peut cependant surmonter l'ennui d'une vie

nouvelle et pénible; il meurt sur un lit d'hô-
pital, parce qu'il ne peut se consoler d'avoir
quitté son pays, son château, ses chiens. Assu-
rément c'est un spectacle digne de pitié, mais
on ne peut pas s'empêcher de dire que si la
loi actuelle avait existé, on aurait conservé un
brave de plus.

On trouve aussi au régiment ce qui fait le
charme de la vie : l'amitié. Le monde est une
grande comédie; chacun y porte un masque. Il
est clair que si chacun allait dire la vérité à son
voisin et lui tenir des propos comme ceux-ci :
« Madame, vous avez mauvaise mine; monsieur,
vous m'ennuyez, » la vie ne serait plus possible.
Il y a donc une politesse de convention. Cette
politesse n'existe pas au régiment; on y appelle
les choses par leur nom. Là s'établissent de ces
liaisons qui sont d'autant meilleures qu'elles ont
lieu entre riches et pauvres. On apprend à
estimer l'homme non par ce qu'il possède, mais
par ce qu'il vaut.

Je laisse, Messieurs, les volontaires d'un an;
mais je ne veux pas cependant les quitter sans
répéter ce que M. Faré a dit : « Les volontaires

64

du 49ᵐᵉ de ligne ont profité de la bibliothèque
du régiment, et, en reconnaissance du plaisir
qu'ils y ont trouvé, ils lui ont donné l'argent
que tout d'abord ils voulaient employer à un
banquet. » Honneur aux volontaires du 49ᵐᵉ !
On ne saurait trop les louer d'avoir si bien
compris la reconnaissance et le devoir.

En France, ce qui manque le plus, c'est
l'obéissance et le respect. L'obéissance a dis-
paru. Il est certain, j'en demande pardon à
M. Legouvé, il est certain qu'en même temps
que l'amour filial a grandi, l'obéissance a
diminué. Nos fils nous aiment plus aujourd'hui
qu'au XVIIᵉ siècle ; mais ils ont en même temps
désappris à obéir. En Angleterre, on ne connaît
pas cette désobéissance ; les Anglais tiennent à
ce que la verge reste comme moyen de correction
dans les écoles ; c'est leur façon d'enseigner de
bonne heure le respect de l'autorité. On n'a pas
encore trouvé chez eux, au Parlement, des pères
qui voulussent abolir le régime par lequel ils
ont passé, régime qui nous révolte. La forme
en est mauvaise ; l'idée mère en est excellente.
Un sage a dit : « Que la première leçon que tu

donneras à ton fils soit l'obéissance, la seconde sera ce que tu voudras. »

L'armée nous rendra le service d'enseigner l'obéissance à toute la jeunesse française. Certes, il est des natures qui se plient difficilement à l'obéissance passive; mais à l'armée on finit par comprendre que l'obéissance n'est pas seulement un devoir, mais une vertu. Quand on voit de près ce que c'est que ce grand corps mû et dirigé par une pensée unique, on sent bien vite que, sans l'obéissance, il n'y a plus d'armée. On se soumet par dévouement; on pousse l'obéissance jusqu'à l'héroïsme. Nous en avons des exemples dans l'histoire; je me souviens qu'en lisant l'expédition d'Égypte j'ai vu, dans je ne sais quelle bataille, le général Kléber dire à un officier : « Tu vas défendre cette position; tu te feras tuer, mais tu sauveras l'armée! — Merci, général, et adieu, » répondit simplement l'officier; et il obéit. Je pourrais citer des exemples plus grands et plus récents; mais, quand les plaies saignent encore, il y a une pudeur qui nous impose de garder le silence; nous ne pouvons que nous dire tous bas comme le vieil Ulysse : « Tais-toi, mon cœur, tais-toi, et souviens-toi! » (*Applaudissements.*)

Les jeunes gens nous reviendront de l'armée obeissants et dévoués; ce sera tout profit pour leurs femmes. On a remarqué, en effet, que les militaires faisaient d'excellents maris; on n'en a pas donné la raison; je vais confier aux dames ce secret qu'elles connaissent mieux que moi.

Un officier reçoit d'en haut un commandement et le transmet à ses subordonnés ; il le reçoit avec obéissance, il le transmet avec autorité. Eh bien! pour la femme, tout le secret consiste à prendre la place d'en haut et à donner le commandement. Il faut un certain courage pour commander la première fois à son mari ; mais on dit que les dames s'y résignent volontiers.

L'obéissance, dans l'armée, est accompagnée de respect; c'est là encore ce qui nous manque. Oui, ce qui nous fait le plus défaut, en France, c'est l'absence du sentiment hiérarchique. Partout, aussi bien dans une assemblée que dans une foule, il semble que chacun ait le droit de prendre la première place. Et, chose singulière, dans les pays où l'armée n'est rien pour ainsi dire, en Angleterre, en Amérique, cela se passe tout autrement. En Angleterre, nous assistons aujourd'hui à ce spectacle si intéressant d'un ministère qui tombe, d'un autre ministère qui le remplace, sans secousse, sans que rien trouble la pleine sécurité du pays. Quand un ministère tombe, on sait d'avance qui le remplacera ; chacun a son rôle assigné. M. Gladstone, en sortant du pouvoir, reste chef de l'opposition et il assume la responsabilité de cette position. Tout ainsi devient facile : le commandement, l'obéissance, le gouvernement, l'opposition ; tout fait partie d'un organisme où chacun a sa place.

Si l'armée, si le service obligatoire peuvent nous donner cette vertu, si nos enfants ont appris à commander et à obéir, nous y aurons gagné les qualités nécessaires à un peuple grand et fort. Ce qu'il nous faut, c'est de respecter ceux qui sont devant nous et de nous faire respecter par les autres.

A côté du respect, le service obligatoire inspire autre chose : le patriotisme.

Nous avons vécu dans un temps (je parle pour moi et les hommes de mon âge) où l'on a vu déjà la France envahie. On nous disait qu'après tant de sang inutilement répandu, la vieille Europe, instruite par une douloureuse expérience, renoncerait à ses chimères d'ambition. Chaque peuple devait rester dans ses frontières, uniquement occupé de travail et d'industrie. Le patriotisme devait être remplacé par un autre sentiment : l'humanité. Nous avons partagé ces heureuses illusions, nous en avons été victimes. La France est démantelée, il lui faut défendre ses frontières ouvertes; l'amour du genre humain n'est plus aujourd'hui notre fait; il nous faut vivre, et, pour vivre, il faut se défendre et se faire respecter. Nous sommes comme ces gens qui, après la ruine de leur fortune, de leur santé, de leurs espérances, se réfugient dans la famille, et alors, quand on a souffert, quand on a vu les périls de ceux qu'on aimait, alors on trouve que le foyer est quelque chose de si noble qu'il semble qu'il n'existe plus que la famille. Voilà où nous en sommes : il n'existe plus que la France pour nous ; le patriotisme avant tout.

A ce propos, une réflexion triste me passe par l'esprit. Le siècle dernier a vu tomber un peuple généreux, le peuple polonais. Il y a eu un premier partage qui a indigné l'Europe et qui n'en a pas moins été suivi d'un second. Mais la Pologne n'a jamais eu d'armée : c'étaient les seigneurs avec leurs vassaux, c'étaient des partis toujours en guerre qui, par leurs vaines querelles, livraient à l'étranger le pays divisé ; il n'y avait pas cette unité, cette forme visible de la patrie : l'armée ! Aujourd'hui, l'armée a le grand bonheur d'être au-dessus des partis. Aussi je ne vois jamais passer un régiment, musique en tête, sans pousser un soupir de regret, en me demandant pourquoi nous n'imitons pas cette puissante unité, pourquoi toujours des divisions, des partis. On oublie que, dans la dernière guerre, nous n'avions tous qu'un même drapeau : le drapeau de la patrie. Ne pouvons-nous retrouver dans la vie civile ce patriotisme qui, au travers de tous nos désastres, nous a valu du moins de lutter jusqu'au bout et de ne pas tomber sans honneur?

Et maintenant, mesdames, vous qui avez accepté de quêter pour nos bibliothèques[1], j'ai tâché de vous exposer de mon mieux l'intérêt que vous aviez à cette bonne œuvre. On vous trouve partout où il y a du bien à faire; vous vous oubliez pour les autres; mais, aujourd'hui, il s'agit et de vous et de nous. Dans quelques années, dans quelques mois, il n'est pas une seule d'entre vous qui ne puisse avoir à l'armée un frère, un mari, un père. Aidez-nous donc à rendre la vie de l'armée aussi rapprochée que possible de la vie de famille, à lui conserver les sentiments généreux, les nobles affections. En demandant de l'argent à ces messieurs, vous demandez un peu pour vous, un peu pour ceux que vous aimez et pour cette France qui vous est chère. Aujourd'hui, dans notre détresse, nous ne devons

1. La souscription pour les bibliothèques militaires est ouverte au siége de la Société Franklin, rue Christine, 1.

penser qu'à relever la France; l'armée doit être la grande préoccupation du pays. Insistez auprès de ces messieurs pour leur dire qu'il est bon de soulager des misères physiques, mais qu'il y a également de grandes souffrances morales à diminuer. Le pauvre soldat, qui ne s'habitue que difficilement aux exigences de la vie militaire, trouve à la bibliothèque des livres, des plumes, du papier; il y rencontre un ami avec qui il peut causer, avec qui il cherche et trouve un livre qui lui parle de son pays. Il y a là du bien à faire, mesdames; je compte sur vous.

Quant à nous, messieurs, je crois que nous sommes destinés à nous revoir sur le même terrain; il sera bon de revenir souvent sur ces idées consolantes; il sera bon de resserrer de plus en plus le lien qui unit l'armée et la nation.

Ne cessons point d'entourer de nos soins ces soldats qui grandissent sous les drapeaux et qui, plus instruits et plus sages que nous, s'y habituent à la discipline, à l'obéissance, au respect; et, puisque le Ministre de la guerre a envoyé son représentant parmi nous, qu'il lui reporte nos vœux en lui répétant ce double cri qui résume tout notre amour, toutes nos espérances : Vive l'armée! vive la France! (*Applaudissements prolongés.*)

PRÈS ce discours, et au milieu des applaudissements qui l'ont suivi, la quête a été faite par les dames qui avaient accepté cette mission, et dont la plupart étaient accompagnées par des officiers de l'armée. Nous tenons à citer les noms des personnes qui ont bien voulu offrir à la propagation des bibliothèques de l'armée un concours pour lequel la Société Franklin est heureuse de leur exprimer sa profonde gratitude. Mme de Chasseloup-Laubat n'avait pu donner à cette œuvre que la précieuse adhésion de son patronage.

Ont quêté dans la salle : mesdames la générale Favé, Henri Mirabaud, la comtesse Foucher de Careil, Antonin Lefèvre-Pontalis, Jules Charton, Paul de Laboulaye, Charles Robert, Paul Peigné, Fuchs, Charles Cartier, Eugène Yung, Georges Charpentier, Guérin, et mesdemoiselles Lemonnier, Huillard-Bréholles et Chambaud.

Accompagnaient les dames quêteuses, messieurs Paul Peigné, capitaine d'artillerie, professeur à l'École militaire de Saint-Cyr; E. Radiguet, capitaine d'infanterie, attaché à l'état-major du ministre de la guerre; Savari, capitaine d'infanterie; Paul Deroulède, lieutenant au 30ᵉ bataillon de chasseurs à pied; Gruau, lieutenant d'infanterie; Kuntzelmann, lieutenant-instructeur à l'École de Saint-Cyr; Bertin, élève à l'École d'état-major; Klein et Rivoire, élèves de l'École des ponts et chaussées; Favé, élève de l'École polytechnique, et MM. Petit, Dumas et Deschamps.

L'excellente musique de la garde républicaine, dirigée par M. Sellenick, et gracieuse-

ment mise à la disposition de la Société par le
général gouverneur de Paris, a exécuté, pendant cette séance, l'ouverture de *Semiramide,*
l'*Invitation à la valse* et l'ouverture de *Guillaume Tell,* avec son succès habituel.

Paris. — J. CLAYE, imprimeur, 7, rue Saint-Benoit. — [561]

www.ingramcontent.com/pod-product-compliance
Ingram Content Group UK Ltd.
Pitfield, Milton Keynes, MK11 3LW, UK
UKHW020025100726
13658UKWH00003B/1116